Du CM2 à la 6e

10-11 ans

W0200292

À bord du bateau pirate

Fabien Fernandez
auteur

Illustré par
Vincent Brascaglia

Nathan

Présentation

➜ **Je lis un récit d'aventures entrecoupé d'exercices de :**
- français,
- maths,
- sciences.

➜ **Je résous des exercices**
qui permettent de reconstituer l'histoire.

➜ **Je vérifie ma réponse :**
- elle est juste ➜ j'accède à la suite de l'histoire ;
- elle est fausse ➜ le corrigé me guide pour refaire l'exercice.

➜ **Je consulte le mémo en fin d'ouvrage :**
il m'explique la notion abordée dans l'exercice.

➜ **Je regarde la table des matières (p. 94-95)**
pour connaitre tous les points du programme abordés dans les exercices.

➜ **Je note les indices sur la page 93 :**
un par chapitre, ils prouvent que l'escape game avance et que l'histoire est bien comprise.

Maquette intérieure : J. Lannes - K. Fleury
Composition : Facompo
 - ISBN : 978-2-09-193391-7

Que sais-tu des pirates ?

Les brigands des mers

Un pirate est un bandit qui attaque les navires marchands en mer pour voler leur cargaison. Les pirates sont connus pour avoir eu une vie dure, car ils vivaient à bord de bateaux surpeuplés. Ils étaient donc fréquemment affamés et malades.

Navigateurs depuis l'Antiquité

Les pirates existent depuis l'Antiquité. En effet, ils sont apparus dès que l'on a commencé à transporter des marchandises sur l'eau, au IIe siècle avant J.-C. L'âge d'or de la piraterie se situe cependant entre les XVIIe et XVIIIe siècles : les vaisseaux chargés de métaux précieux et de marchandises de valeur étaient régulièrement attaqués par les pirates à cette époque.

Pirates ou corsaires ?

Le pirate est un voleur, un hors-la-loi qui attaque et pille les navires pour son propre compte. Il est l'ennemi du royaume.

Au contraire, le corsaire est un soldat du roi autorisé par le gouvernement à piller les vaisseaux ennemis en temps de guerre. Il reverse une part du butin au roi.

Jean Bart est un corsaire très connu du XVIIe siècle. Marin à 15 ans puis corsaire au service de Louis XIV à 23, il poursuit les navires hollandais lorsque la France est en guerre contre la Hollande.

DES PIRATES CÉLÈBRES

John Rackham ou Calico Jack (1682-1720)

John Rackham est aussi connu sous le nom de Calico Jack. Ce surnom provient des vêtements très colorés en coton épais (le calicot) qu'il portait. Il succède à Charles Vane à bord du *Neptune* avec lequel il attaquait des vaisseaux dans la mer des Antilles.

Anne Bonny (1700-1782)

Anne Bonny est la plus célèbre des pirates irlandaises. Elle se déguise en homme afin de cacher qu'elle est une femme aux autres marins, puisque les équipages sont essentiellement masculins. Elle rejoint rapidement l'équipage de Calico Jack.

Stede Bonnet (1688-1718)

Surnommé « le gentleman pirate », Stede Bonnet entre dans la piraterie tardivement, alors qu'il est militaire à la retraite.

Il prend les commandes d'un grand navire, *Le Revenge*.

Mary Read (vers 1690-1721)

Calico Jack recrute Mary Read sur un bateau de commerce qu'il a attaqué. Voyant sa force et son courage, il décide de l'intégrer à l'équipage du *Neptune*. Elle rencontre alors Anne Bonny. Tout comme cette dernière, elle s'habille en homme, se faisant appeler Willy Read.

Bienvenue à bord !

1

La colonie de vacances en Bretagne touche à sa fin. Au programme de la dernière sortie, la visite du *Puffin*, un superbe bateau pirate. Pendant le trajet jusqu'à Saint-Malo, Enzo a ennuyé tout le monde avec ses mauvaises blagues habituelles. Enfin, presque tout le monde, car le trio formé durant ces quinze jours l'a ignoré. En effet, Lou, Sami et Matthieu ont un autre sujet de préoccupation : l'ancêtre de Matthieu, qui aurait été pirate. Matthieu a parlé de lui durant tout le séjour. D'ailleurs, son inscription à la colonie de vacances n'est pas le fruit du hasard. En se renseignant avec ses parents, il avait immédiatement été attiré par la visite de ce bateau prévue à la fin du séjour.

Arrivés à destination, les trois amis et leurs camarades font une halte devant la passerelle de la frégate à la coque sombre ; le bateau est impressionnant !

Une fois à bord au milieu des panneaux expliquant la vie des pirates, Enzo double tout le monde pour entrer le premier dans la cabine principale, celle du capitaine. Dès que le groupe a rejoint l'intérieur, Lou, Sami et Matthieu se placent discrètement en retrait.

Le guide du bateau-musée se lance dans une explication sur la différence entre le pirate John Rackham et le corsaire Jean Bart. Mais le trio connait déjà tout cela grâce à Matthieu qui a passé des heures à la bibliothèque avant de venir en colonie et qui leur a tout expliqué.

– Le premier était un criminel et le second était missionné par le roi de France pour attaquer les navires étrangers, termine l'homme avec son petit micro accroché autour du cou. Et maintenant, suivez-moi.

Les trois enfants font semblant d'observer le bureau où est étalée une carte géographique pendant que tout le monde sort, avant de se cacher derrière le rideau dans un coin de la pièce.

– Ouf ! Ils sont tous partis, souffle Lou en jetant un œil à l'extérieur. J'ai eu peur qu'un animateur ne découvre notre cachette.

Les trois amis sont enfin seuls dans la cabine. Sami enlève un peu de poussière de son tee-shirt pendant que Matthieu se frotte les mains d'un air satisfait.

– On va enfin pouvoir commencer les recherches sur mon ancêtre pirate ! Je suis certain que cette pièce regorge d'indices, s'exclame-t-il.

Sami et Matthieu se penchent sur la carte géographique et découvrent qu'il s'agit d'une carte de navigation des Grandes Antilles. Lou de son côté examine un objet en forme de disque. Plissant ses yeux noirs aux longs cils, elle semble avoir décelé un détail important.

– Étrange objet, dit-elle.

– C'est un astrolabe, dit Matthieu en se tournant vers elle. Cet instrument permettait aux marins de connaitre leur position grâce au soleil lorsqu'ils étaient en pleine mer. C'est en quelque sorte le premier GPS. J'ai lu ça dans un livre, ajoute-t-il fièrement avant de se replonger dans la contemplation de la carte.

– J'ai trouvé la fameuse ile de la Tortue ! annonce Sami. C'est là que se rendaient les pirates les plus connus.

– Voici d'ailleurs la liste de ceux qui y ont posé le pied, ajoute Matthieu en pointant du doigt le document accroché au mur.

– Ouh là là, cela en fait du monde ! s'exclame Lou. Mais… je ne vois pas ton nom de famille, Matthieu, c'est bien BEUNY, n'est-ce pas ?

Soudain, la porte de la cabine claque.

– Que se passe-t-il ? s'inquiète Matthieu.

– On va voir si vous êtes vraiment les plus malins, crie Enzo derrière la porte. Dans une heure, le car repartira et ce sera sans vous si vous ne sortez pas d'ici. À une prochaine fois ! ajoute la voix nasillarde qui s'éloigne.

– Vite, ouvrons la porte ! s'écrie Sami, affolé.

– Impossible, répond Lou, elle est verrouillée par une serrure électronique. Regardez ! Il y a un code à composer.

– Oh non ! On va manquer le départ… et le repas du soir. On va mourir de faim enfermés dans un bateau corsaire ! se lamente Sami.

– Un bateau *pirate*, souligne Matthieu qui tente de rester calme. Réfléchissons… quand je suis entré tout à l'heure, je suis certain d'avoir aperçu un document parlant d'un code. Mais où ?

– Ici ! clame Lou en brandissant un classeur trouvé près d'un mannequin costumé. Et regardez cette étiquette. Il y est écrit : « Mémo pour le code de la porte. »

Lou ouvre le classeur. Sur la première page, les trois amis découvrent, stupéfaits, qu'il faut résoudre quatre énigmes pour trouver le code à quatre chiffres de la porte. Pour la première énigme, il est question de distance et de l'ile de la Tortue… Sans attendre, les enfants se précipitent sur la carte de navigation des Grandes Antilles.

Les enfants vont-ils rester enfermés dans la cabine ?

Pour sortir de la cabine, il leur faut d'abord trouver le premier chiffre du code et tu vas les y aider.
Calcule la distance en kilomètres entre Santiago de Cuba et l'ile de la Tortue grâce au plan ci-dessous.
Additionne ensuite les deux chiffres que tu as trouvés.

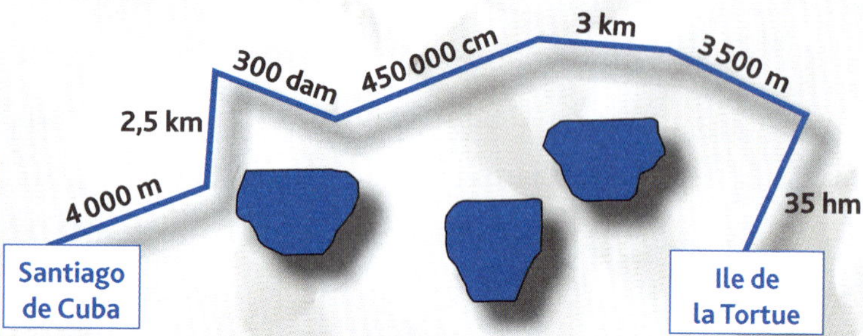

Réponse : ....

Si tu as trouvé 24 puis 6 → Va au n° 11.
Si tu as trouvé 20,5 puis 7 → Va au n° 14.
Si tu as trouvé 240 puis 6 → Va au n° 13.

mémo 9

2

Tu t'es trompé(e). → Recommence l'exercice du n° 16.

3

Tu t'es trompé(e). Il faut classer l'ensemble dans l'ordre croissant. Refais ton calcul.

→ Refais l'exercice du n° 9.

4

Bravo ! C'est la bonne réponse.

→ Poursuis ta lecture au n° 9.

5

Tu t'es trompé(e). Refais les calculs.

→ Refais l'exercice du n° 12.

6

Tu t'es trompé(e). Refais les calculs.

→ Recommence l'exercice du n° 12.

7

Tu t'es trompé(e). Une fois que tu as converti en kg, n'oublie pas de multiplier par le nombre d'objets. Consulte le mémo.

→ Recommence l'exercice du n° 9.

8

Tu t'es trompé(e).

→ Recommence l'exercice du n° 16.

9

– Si nous ne nous sommes pas trompés, cela doit être le chiffre 8, dit Sami, encore absorbé par les calculs qu'il vient de faire.

– Je me demande si je ne vais pas me mettre à l'escrime. Je pourrais ainsi marcher dans les pas de mon ancêtre. « Tchac, tchac, tchac », fait Matthieu en mimant une attaque au sabre avec une baguette de bois trouvée à côté de la carte des iles.

– Je ne suis pas certaine qu'on apprenne les feintes de pirates dans les académies d'escrime, tu sais, rétorque Lou en s'emparant d'une règle qui se trouvait sur le bureau, pour le désarmer.

Les deux amis se lancent alors dans un duel.

– Vous êtes sûrs que c'est le moment de vous amuser ? gronde Sami.

– Tierce, parade et hop, touché ! lance Lou avec un clin d'œil.

– En attendant, nous sommes toujours enfermés, continue Sami. Imaginez si on doit attendre le petit matin pour sortir… ou s'il y a une tempête ! Je ne prends pas le risque de passer la nuit ici : nous devons poursuivre et récupérer le code complet de la porte.

Sami se replonge dans le classeur et lit ce qui semble bien être la troisième énigme :

– « Pour trouver le troisième chiffre du code, il vous faut d'abord classer du plus léger au plus lourd les différents trésors du butin des pirates :

30 onces de pièces d'or

7 barils marchands de céréales

2 livres de pierres précieuses

1 tonneau de vin. »

– J'avoue que je suis perdu… déplore Sami.

– Fais-moi voir, dit Lou, interrompant le duel auquel elle se livrait avec Matthieu. Nous devons trouver un tableau de conversion. Cherchons sur la table où sont exposés des objets de l'époque.

– J'ai trouvé ! s'écrie Matthieu.

Matthieu a-t-il trouvé le tableau de conversion espéré ?

Il semblerait que oui !
À toi maintenant de classer les trésors du butin des pirates du plus léger au plus lourd en t'aidant du tableau.
Ensuite, additionne tous les chiffres de la masse du trésor le plus léger jusqu'à ce que tu n'obtiennes qu'un seul chiffre.

Butin des pirates :

a. 30 onces de pièces d'or
b. 7 barils marchands de céréales
c. 2 livres de pierres précieuses
d. 1 tonneau de vin

Tableau de conversion

1 once	28 g
1 livre	500 g
1 baril marchand	150 kg
1 tonneau	1 000 kg

.... < .... < .... < ....

Note ici le chiffre obtenu en additionnant les chiffres du trésor le plus léger : ....

Si tu as répondu b > d > c > a et le chiffre 1 → Va au n° 3.
Si tu as répondu a < c < d < b et le chiffre 3 → Va au n° 10.
Si tu as répondu a < c < b < d et le chiffre 4 → Va au n° 7.

mémo 9

10

En convertissant tout en kg et en multipliant par le nombre d'objets, tu trouves : 0,84 < 1 < 1 000 < 1 050.

Ensuite, tu additionnes tous les chiffres de 0,84 et tu trouves 12, puis 3.

Bravo ! Ce sont les bonnes réponses.

→ Continue ta lecture au n° 16.

11

Bonne réponse !

→ Lis la suite au n° 12.

12

– Eurêka ! crie Lou. Le premier chiffre du code est 6 !

Mais l'enthousiasme est de courte durée. Il faut désormais trouver les trois autres chiffres.

Matthieu s'empare du classeur et en tourne les pages.

Pendant ce temps, ses amis examinent la pièce carrée dans son ensemble. Quand on y entre, on tombe directement sur une table couverte de petits objets d'époque avec des étiquettes précisant leur utilisation. Sur le mur à droite se trouve un mannequin en tenue de pirate, et le long du mur une autre table avec les cartes de navigation, sans doute le bureau du capitaine. Au-dessus de celui-ci est accrochée une étagère remplie de livres ainsi qu'une épée et des cadres contenant des documents historiques. Enfin, au fond, une immense fenêtre donne sur la mer.

– J'ai trouvé les indications pour le deuxième chiffre du code, s'écrie Matthieu. Il est cette fois question de longueur de rapières.

– *Rapières*, qu'est-ce que c'est ? questionne Sami.

– Ce sont des épées, dit Lou. Regarde, ce qui est suspendu au mur au-dessus du bureau du capitaine, c'est un sabre : la lame est large et légèrement courbe.

Lou pivote sur elle-même et poursuit, sur un ton très professoral :

– Au-dessus de la porte, c'est un fleuret. La lame est très fine et on n'utilise que la pointe : c'est ce qu'on appelle une arme d'estoc. Et enfin, sur le mannequin, vous pouvez voir une rapière : lame de taille et d'estoc. C'est-à-dire qu'en plus de planter, elle tranche.

– Ouah, tu es une véritable encyclopédie vivante, lance Matthieu, admiratif.

– Il faut dire que je pratique l'escrime, donc cela m'intéresse.

– Parfait, alors tu vas pouvoir nous aider à répondre à cette énigme, continue Matthieu. Il nous est demandé de trouver la différence de taille entre le sabre d'un certain Edward Teach et la rapière d'Olivier La Bouche. Mais comment faire ?

– J'ai trouvé quelque chose qui pourrait nous être utile ! s'écrie Lou. Là, sur l'étagère, regardez, il y a un livre qui porte le nom de *Petit Manuel de l'escrime des pirates*. On va certainement y trouver des informations précieuses.

Lou et Sami feuillettent l'ouvrage pendant que Matthieu examine l'épée du mannequin, la fameuse rapière. Il la dégaine et déploie son bras devant lui pour évaluer le poids de l'arme.

– Mon aïeul avait peut-être la même… dit-il, pensif. Alors, qu'avez-vous trouvé dans votre manuel d'escrime ?

– Le premier traité d'escrime français date de 1573… commence Lou.

– Attends, intervient Sami, il y a aussi ceci : « Edward Teach était le terrible Barbe noire et Olivier La Bouche un pirate français »… Et ici sont représentés le sabre et la rapière de ces deux personnages.

– Les dimensions sont toutes indiquées en centimètre, poursuit Lou.

Les trois amis se penchent sur le livre et commencent à réfléchir.

Vont-ils trouver le deuxième chiffre du code ?

Certainement, et tu vas les y aider. Pour cela, calcule la dimension totale de chaque arme. Divise ensuite au dixième près la dimension de la rapière par celle du sabre.

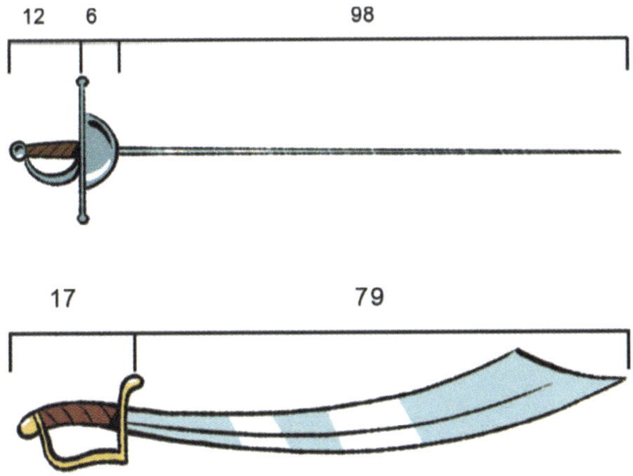

Taille de la rapière : ....

Taille du sabre : ....

Après avoir posé ta division, écris le résultat au dixième près : ....

Écris le chiffre du reste : ....

Si tu as trouvé 1,3 et 4 → Va au n° 5.

Si tu as trouvé 1,4 et 5 → Va au n° 6.

Si tu as trouvé 1,2 et 8 → Va au n° 4.

mémo 7

13

Tu t'es trompé(e) ! As-tu pensé à convertir toutes les distances ?

Consulte le mémo.

→ Recommence l'exercice du n° 1.

14

Tu t'es trompé(e). Tu as dû faire une erreur de calcul.

→ Recommence l'exercice du n° 1.

15

Oui, c'est bien cela, bravo !

→ Lis maintenant la suite au chapitre 2.

16

Grâce au tableau de conversion, Matthieu est parvenu à trouver la solution de l'énigme, et il annonce fièrement que le troisième chiffre du code de la porte est le 3. Encore un numéro à découvrir et le trio pourra espérer sortir de la cabine du capitaine.

Dehors, le vent se lève. Le bateau tangue doucement, assez pour inquiéter Sami.

– Je n'aime vraiment pas ça, murmure-t-il.

– Courage, lui répond Matthieu, on va y arriver.

Les trois amis reprennent le classeur pour y lire la dernière énigme. Cette fois, ils doivent trouver des mots dans une grille pour faire apparaitre le quatrième chiffre.

– Laissez-moi faire ! Je suis la championne des grilles de mots mêlés, claironne Lou. Un stylo s'il vous plait ! C'est parti !

Les enfants vont-ils trouver le dernier chiffre du code ?

Pour le savoir, aide Lou à résoudre l'énigme en entourant les mots suivants dans la grille :

ami – pirate – boucanier – orage – mouette – sabre – capitaine – mât – duel – bord – nage – marin – frégate.

Une fois que tu as tout entouré, il reste un mot.

F	R	E	G	A	T	E	P	B
I	O	R	A	G	E	N	I	U
M	A	R	I	N	M	A	R	T
A	B	O	R	D	A	G	A	I
M	O	U	E	T	T	E	T	N
S	A	B	R	E	D	U	E	L
B	O	U	C	A	N	I	E	R
C	A	P	I	T	A	I	N	E

Recopie le mot que tu as trouvé :

C'est ton PREMIER INDICE.

N'oublie pas de le noter sur ta page-indices, page 93.

Maintenant, compte le nombre de lettres de ce mot.

Si tu as trouvé 5 → Va au n° 15.

Si tu as trouvé 8 → Va au n° 8.

Si tu as trouvé 4 → Va au n° 2.

Un jeu d'énigmes

1

– 5 ! crie victorieusement Lou.

Les trois amis se ruent sur la porte. Fébrilement, ils commencent à composer le code.

– 6, 8, 3… annonce Sami en détachant chaque mot, et 5 !

Bip ! Le code fonctionne.

Soulagés, les trois amis quittent la cabine du capitaine et empruntent un petit couloir. Une première porte, celle par laquelle ils sont arrivés, est verrouillée. Un peu plus loin, une autre porte est ouverte qui donne sur un escalier en bois. Les trois amis descendent et pénètrent alors dans une longue pièce sombre. Ils y découvrent trois échelles appuyées contre la coque : l'une à l'entrée de la pièce, l'autre au milieu et la dernière, tout au fond. De chaque côté des échelles, d'imposants tubes noirs en métal : les canons.

– Le pont-batterie, chuchote Matthieu.

– Il comptait pas moins de 24 canons, poursuit Sami en lisant un des panneaux explicatifs.

– Sortons d'ici, coupe Lou à qui ces armes impressionnantes donnent la chair de poule. Nous devons trouver une autre issue que la porte par laquelle nous sommes arrivés qui est désormais fermée à clé. Grimpons à l'échelle !

Matthieu devance Lou sur la première échelle mais s'arrête brusquement à mi-parcours.

– Que se passe-t-il ? demande son amie.

– C'est verrouillé par une trappe.

– J'essaie l'autre échelle, dit la jeune fille.

– Et moi la troisième, renchérit Sami.

Hélas, toutes les issues sont bloquées.

– Restons calmes et trouvons le moyen de sortir. Il y a peut-être un autre mémo quelque part, comme dans la cabine du capitaine.

– Tu as raison, rétorque Matthieu. Mettons-nous à sa recherche. Le premier qui trouve quelque chose prévient les autres.

Sami passe derrière une table suspendue à des cordes, tandis que Lou scrute le plafond. Elle suit des yeux un fil électrique qui court jusqu'à l'extrémité de la pièce, espérant atteindre un nouveau clavier qui commanderait l'ouverture d'une issue qu'ils n'auraient pas vue.

– Stede Bonnet ! crie soudain Matthieu en lisant un panneau accroché au mur.

– Qu'est-ce que tu dis ? demandent ses camarades en chœur.

– Bonnet et Beuny : c'est tellement proche qu'il s'agit probablement de mon ancêtre. Stede Bonnet, militaire à la retraite a été planteur dans les Caraïbes avant de devenir pirate. Mon grand-père m'a bien dit que mon ancêtre était capitaine au XVIIIe siècle.

– Cela m'étonnerait, rétorque Sami en s'approchant. Il est aussi indiqué que Bonnet a été pendu pour piraterie en 1718 alors que tu nous avais dit que ton ancêtre avait disparu en 1725 !

– Si on se concentrait pour quitter la frégate ? questionne Lou. D'ailleurs, c'est étrange : je ne vois pas de plan d'évacuation d'urgence.

– Si, il y en a un juste ici, près de la deuxième échelle, dit le garçon. Mais en quoi cela va-t-il nous aider ?

– Voyons, dit Lou en s'approchant. C'est ce que je pensais. Le plan d'évacuation montre qu'il y a une trappe vers les niveaux inférieurs.

Les jeunes prisonniers se précipitent dans la direction indiquée. Ils trouvent bien une trappe dissimulée sous un énorme tas de cordes et de tonneaux.

Ils essaient d'en dégager l'entrée mais ne parviennent à déplacer l'ensemble que très lentement, centimètre par centimètre. Au bout de cinq minutes, Lou s'arrête, découragée.

– On a fait 15 centimètres en 5 minutes ! dit-elle.

– 16 exactement, précise Sami en hochant la tête. Et il y a bien 1 mètre à dégager pour accéder au passage.

– On en a pour au moins une heure… se lamente Matthieu.

Les enfants vont-ils réussir à dégager l'accès à la trappe ?

Pour savoir s'ils vont réussir à sortir du pont-batterie, résous ce problème.

Combien de temps faudra-t-il aux trois amis pour dégager le passage de 1 mètre, sachant qu'ils ont progressé de 16 cm en 5 minutes ?

Si tu as trouvé un peu plus de 30 minutes → Va au n° 6.

Si tu as trouvé un peu plus de 40 minutes → Va au n° 11.

Si tu as trouvé un peu plus de 50 minutes → Va au n° 9.

mémo 9 mémo 10

2

Faux ! N'oublie pas que les contours forment aussi des triangles. → Retourne à l'exercice du n° 20.

3

Faux. Trace bien l'ensemble du trajet.

→ Recommence l'exercice du n° 7.

4

Faux. Le capitaine donne des ordres mais n'en reçoit pas du canonnier. → Retourne à l'exercice du n° 5.

5

La réponse est 5. Matthieu énonce à ses compagnons la deuxième énigme écrite sur l'étiquette… Il y est question cette fois du métier de canonnier : les trois amis doivent trouver le nombre de métiers qui sont en lien avec celui du canonnier. Lou décide d'enquêter du côté de la table suspendue. De part et d'autre de celle-ci, des panneaux racontent la vie des pirates et donnent des explications sur l'utilisation des canons.

Apercevant un tiroir mal fermé, la jeune fille l'ouvre et en sort plusieurs feuilles. Sur l'une d'entre elles est dessiné le plan sommaire du bateau. Il faut descendre au pont inférieur et remonter ensuite sur le pont principal pour sortir du bateau.

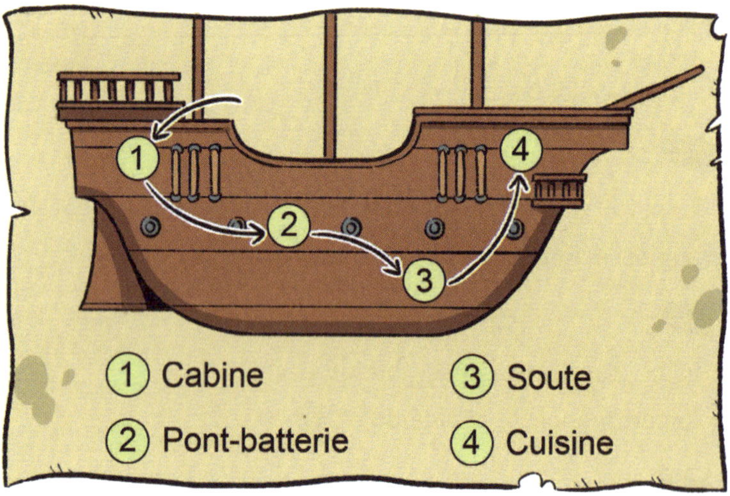

Lou laisse le plan, ne sachant pas s'il est exact, puis poursuit ses investigations.

Sur une autre feuille, Lou fait une nouvelle découverte intéressante. Repoussant l'une de ses mèches bouclées, elle se concentre sur la lecture du papier.

– Tu pourrais venir nous aider ? demande Matthieu à l'autre bout de la pièce.

Avec Sami, ils sont à la recherche d'informations sur les canonniers.

– Juste une minute, répond Lou.

Elle reprend sa lecture à voix basse puis redresse la tête, victorieuse :

– Les garçons, je crois que j'ai ce qu'il nous faut.

Lou leur dit alors ce qu'elle vient de lire sur la vie des canonniers.

Lou va-t-elle trouver le deuxième chiffre du code ?

Pour le savoir, lis le texte suivant qui concerne les canonniers. Puis réponds à la question.

« Dans la chaine de commandement, le capitaine donnait ses ordres au canonnier, qui les faisait suivre au maitre canonnier qui lui-même ordonnait aux chefs de pièces, chacun responsable d'un canon et de ceux qui exécutaient les soixante-dix temps de la charge nécessaire au tir. »

Combien de métiers dépendaient du canonnier ?

Si tu as trouvé 3 → Va au n° 12.

Si tu as trouvé 4 → Va au n° 4.

Si tu as trouvé 5 → Va au n° 16.

6

Si tu as trouvé 31,25, c'est la bonne réponse.

→ Lis la suite au n° 20.

7

Lou se redresse, fière d'elle.

– Eh oui, c'est bien 3 ! Cela nous fait un chiffre de plus, dit-elle les doigts écartés en un V de victoire.

– Depuis le début, je pensais que notre situation était désespérée, dit Matthieu. Mais finalement, il faut prendre cela comme un jeu. La panique ne nous aidera pas à trouver les réponses. Alors jouons !

Quelle est l'énigme pour le troisième chiffre du cadenas ?

– « La carte et le bon capitaine donnent la réponse. » C'est ce qu'il y a d'écrit sur l'étiquette. Par ailleurs, sur l'un des panneaux explicatifs il était question de la vie des pirates, dit Lou. Il y est indiqué qu'il ne faut pas croire tout ce que l'on voit dans les films car les pirates n'avaient pas la vie facile. Le texte dit aussi que la majorité d'entre eux ne savaient pas nager.

– Ouah ! Imaginez comme ils devaient avoir peur de tomber à l'eau au cours des abordages, coupe Sami avec une grimace. D'où la nécessité d'être dirigé par un bon capitaine.

– Oui, c'est sûr, dit Lou.

– Il y a aussi une carte sur ce panneau et apparemment nous devons tracer le trajet d'un bateau. Je suppose que cela nous mènera au chiffre que nous cherchons, poursuit Sami. Et regardez, il est précisé sur l'étiquette : « Seul un bon capitaine sait diriger son navire. » Mais je ne comprends pas ces symboles SE4, NE3… qui sont placés à côté.

Lou se rapproche de la carte accrochée au mur pour tenter de la lire.

– La flèche qui indique le Nord pointe vers le haut ! rappelle Matthieu avec ses connaissances sur la navigation. Mais il manque les points cardinaux. Et que signifient en effet ces étranges symboles ?

– Je pense que cela veut dire par exemple Nord Est et 3 cases ? tente Sami en se grattant l'oreille comme chaque fois qu'il réfléchit.

Les enfants trouveront-ils le troisième chiffre du cadenas ?

Pour le savoir, aide-les à définir le trajet du bateau. Pour cela, commence par compléter cette rose des vents.

Ensuite, trace le trajet du bateau jusqu'à l'une des iles en suivant le code ci-dessous. Tu trouveras un chiffre, note-le.

SE4, NE3, SE3, E2

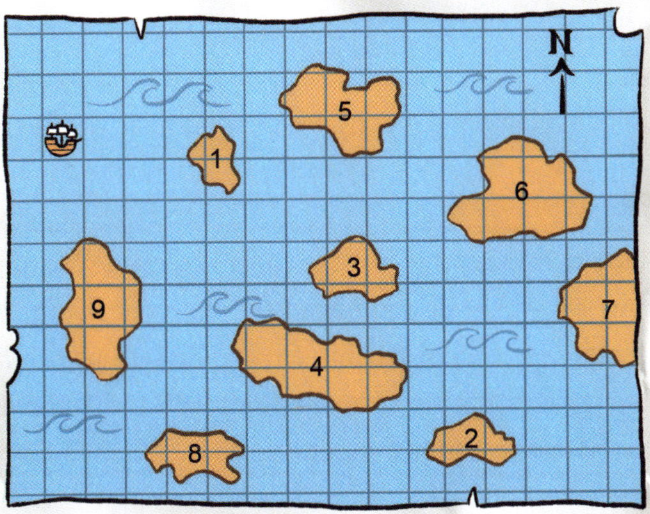

Si tu as trouvé le chiffre 6 → Va au n° 3.
Si tu as trouvé le chiffre 2 → Va au n° 19.
Si tu as trouvé le chiffre 7 → Va au n° 10.

mémo 12

8

Tu t'es trompé(e).

→ Recommence l'exercice du n° **13**.

9

Tu as fait une erreur. Consulte les mémos.

→ Refais l'exercice du n° **1**.

10

Bravo. → Continue ta lecture au n° **13**.

11

Tu t'es trompé(e). Consulte les mémos.

→ Refais l'exercice du n° **1**.

12

Oui, c'est la bonne réponse. → Lis la suite au n° **7**.

13

– Youpi, on a trouvé, c'est le chiffre 7 ! clame Matthieu comme s'il venait de remporter un match de football.

– J'espère que la prochaine énigme ne sera pas en lien avec la géographie, grommelle Lou. Enfin, maintenant, je sais placer les quatre points cardinaux correctement, c'est déjà ça !

– Du moment que l'on sorte d'ici rapidement ! rétorque Sami.

– Arrête de ronchonner, dit Lou au garçon.

Sami lui fait une épouvantable grimace.

– C'est mieux comme ça ?

Les trois amis rient de bon cœur. Mais l'heure tourne. Sami se ressaisit et s'apprête à lire la dernière énigme indiquée sur l'étiquette du cadenas. Lou et Matthieu écoutent attentivement.

Vont-ils réussir à trouver le dernier chiffre du cadenas ?

Avant de le savoir, lis ce texte qui décrit la pièce dans laquelle sont enfermés les trois amis.

Le pont-batterie était une pièce importante car elle permettait de se défendre contre les vaisseaux des rois européens, des autres pirates ou encore d'attaquer les bateaux marchands.
La pièce comprenait vingt-quatre canons qui pesaient environ mille-quatre-cents kilos chacun et nécessitaient chacun huit marins pour tirer.
Ces derniers ne tiraient qu'une fois toutes les cinq minutes.
Chaque boulet, une boule de métal dont on se servait pour tirer, pesait environ 12 livres. Il ne mesurait que 12 centimètres de diamètre, mais lorsqu'il était propulsé, il faisait des dégâts considérables sur la coque des navires.
Sur les plus gros bateaux de guerre, le poids des boulets pouvait même atteindre 36 livres.
Faites maintenant un tour sur vous-même, regardez le nombre de canons de la frégate et imaginez les bruits de tonnerre sur le pont-batterie durant un assaut. Sans parler de la fumée, de la poussière, des ordres criés... Quel vacarme !

Écris le nom de la pièce dans laquelle ils sont enfermés :

C'est ton DEUXIÈME INDICE.

N'oublie pas de le noter sur ta page-indices, page 93.

Maintenant, aide Lou, Sami et Matthieu à trouver le dernier chiffre du code.

Il faut 5 minutes pour recharger un canon. Tirer et viser prennent 1 minute.

Il faut 4 minutes de pause tous les 3 tirs pour ne pas surchauffer le canon.

Combien un canon peut-il tirer de boulet par heure ?

Si tu as trouvé 9 coups de canon → Va au n° 18.

Si tu as trouvé 8 coups de canon → Va au n° 15.

Si tu as trouvé 10 coups de canon → Va au n° 8.

14

Bravo, c'est bien 5 qu'il fallait trouver. C'est le premier chiffre du cadenas.

→ Poursuis ta lecture au n° 5.

15

Bravo ! Il faut 6 minutes pour tirer, 4 minutes de pause tous les 3 tirs et il y a 60 minutes dans 1 heure. $(6+6+6+4)+(6+6+6+4)+(6+6)=56$ minutes. Il est possible de tirer 8 coups de canon et 8 est le dernier chiffre du code.

→ Lis vite la suite au chapitre 3.

16

Faux ! Tu t'es trompé(e).

→ Retourne à l'exercice au n° 5.

17

C'est faux.

→ Retourne à l'exercice du n° 20.

18

Ce n'est pas la bonne réponse.

→ Recommence l'exercice du n° 13.

19

Tu t'es trompé(e). Veille à prendre les bonnes directions et à compter le bon nombre de cases.

→ Recommence l'exercice du n° 7.

20

Le trio se regarde et parvient à la même conclusion : plus de 30 minutes, c'est déjà beaucoup trop long.

– Si nous n'y arrivons pas par la force, faisons fonctionner notre cerveau, dit Lou à ses deux amis.

– Il faut diviser le poids, poursuit Matthieu. Mais comment ?

– Si on pouvait couper tout cela en petits morceaux, ce serait plus facile. Mais nous n'avons ni cisaille pour les cordes ni hache pour les tonneaux, rétorque ironiquement Lou.

– J'ai une idée ! clame Matthieu, en levant la main. Commençons par mettre sur le côté tous les tonneaux en les faisant rouler.

– C'est parti, lance Sami.

Les prisonniers de la frégate basculent les tonneaux un à un et les déplacent à l'autre bout de la pièce. Dix minutes plus tard, essoufflés, ils se retrouvent autour du tas de cordes.

– On pourrait tirer sur une extrémité des cordes et les enrouler de nouveau à un autre endroit, propose Sami.

– Vu l'épaisseur du cordage, cela risque d'être très long, répond Lou.

– Nouvelle idée ! s'exclame de nouveau Matthieu, doigt dressé vers le ciel. Ça va nous demander encore un peu d'efforts, mais il est peut-être possible de déplacer ces cordes d'un seul coup sur le côté.

– À quoi tu penses ? s'impatiente Lou.

– Au principe du levier. On en a parlé en classe cette année. Je ne saurais pas vous donner d'explications savantes, mais je sais que ce principe décuple la force. C'est un peu comme si on additionnait notre cerveau et nos muscles. Il nous faut une planche…

– J'ai vu une rame là-bas, tout à l'heure, dit Sami.

– Parfait. Et on pourrait placer ce tonnelet en dessous. Nous allons construire une sorte de balançoire à bascule ! s'enthousiasme Matthieu.

Les enfants glissent le plat de la rame sous le cordage entassé et appuient à six bras de l'autre côté. L'effort est intense mais cela fonctionne ! Les cordes encombrantes sont déplacées de quelques centimètres, juste ce qu'il faut pour dégager enfin l'accès à la trappe.

Hélas, celle-ci est, elle aussi, verrouillée.

– Oh non, encore un cadenas, et quatre chiffres à trouver, soupire Sami, de nouveau découragé.

– Oui, mais regardez, dit Lou. Il y a une étiquette attachée au cadenas avec une figure géométrique dessus. Sans doute une nouvelle énigme à résoudre…

Comment trouver le premier chiffre de ce nouveau code ?

Pour le savoir, résous cette énigme.

Compte le nombre de triangles que tu vois dans la figure ci-dessous. Puis, divise ce nombre par deux.

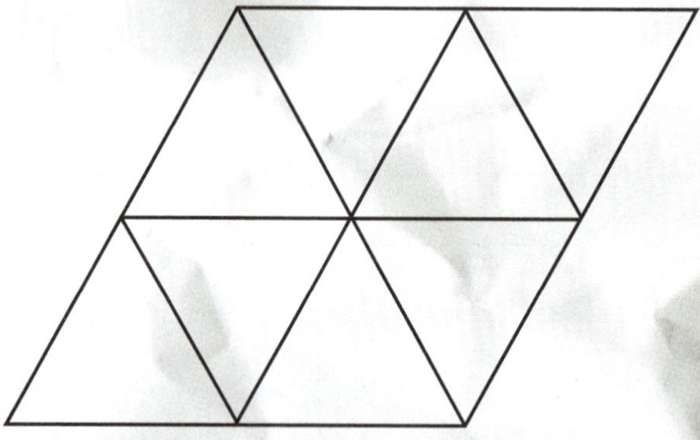

Combien as-tu trouvé ? ....

Si tu as trouvé 4 → Va au n° 2.
Si tu as trouvé 5 → Va au n° 14.
Si tu as trouvé 6 → Va au n° 17.

À fond de cale

1

Clic, clic, clic ! Après avoir tourné les mollettes du gros cadenas pour y afficher les chiffres 5, 3, 7 et 8, Sami parvient enfin à l'ouvrir. Il pousse un soupir de soulagement. Soulevant la lourde trappe de bois, les trois amis découvrent une échelle qui semble descendre dans les ténèbres.

– Je ne me sens pas très à l'aise dans le noir complet, dit Lou. J'espère qu'il n'y aura pas de méchant personnage caché qui refermera la trappe sur nous comme dans un film d'horreur !

– Tout ira bien, la réconforte Matthieu. Mon ancêtre était un fier pirate, s'il a vécu sa vie sur ce genre de bateau, j'ai forcément hérité quelque chose de lui pour y survivre un petit moment.

Lou sourit, pas très convaincue.

– L'heure tourne, ajoute Sami en tapotant sur sa montre. Dépêchons-nous !

Le trio parvient finalement en bas de l'échelle, uniquement éclairée par la lumière du pont-batterie. Matthieu s'avance de quelques pas puis revient auprès de ses camarades.

– On n'y voit rien de rien dans cette soute de navire. Si seulement on avait des lampes à huile comme mon aïeul…

– Tu sais que depuis l'époque de ton aïeul, on a inventé l'électricité, se moque Lou.

– Il doit en effet bien exister un interrupteur quelque part, dit Sami.

– Je me souviens maintenant… reprend Sami. Là-haut, Lou avait vu un plan d'évacuation d'urgence. Les fils électriques couraient au plafond et redescendaient sur les parois latérales.

– Donc, il suffit de longer les murs à tâtons et on trouvera bien, non ? lui dit Lou.

– Je n'en suis pas certain… continue Sami.

N'écoutant que lui, Matthieu escalade de nouveau l'échelle et revient, brandissant fièrement le plan des issues de secours.

– Tu l'as décroché ? questionne Lou avec surprise.

– Nous sommes dans une situation d'urgence, donc oui ! répond Matthieu.

– Très bien. Si on se réfère à cette ligne rouge, reprend Sami en se mettant dans l'éclairage venu du pont-batterie, on devrait trouver l'interrupteur indiqué sur ce plan.

– Il est juste à côté ! claironne Matthieu.

– Non, regarde l'échelle du plan, contredit Lou. Elle est au $\frac{1}{25}$… Et sur le plan il y a environ 10 centimètres depuis l'échelle. Il faut calculer la distance puis la convertir en mètres et on devrait trouver cet interrupteur !

– Tu as raison, dit Sami. On sait aussi qu'un pas mesure environ un mètre, il nous suffira donc de marcher du bas de l'échelle jusqu'à l'interrupteur en comptant nos pas !

– N'essaie pas de compliquer les choses, le coupe Matthieu.

– Oui, assez parlé, passons au calcul, dit Lou.

Sont-ils sur la bonne piste pour trouver l'interrupteur ?

Aide-les à trouver la réponse à ce problème.
Combien y a-t-il de mètres entre l'échelle et l'interrupteur ?

3,5 m → Va au n° 10.
2,5 m → Va au n° 7.
2,75 m → Va au n° 12.

mémo 9 mémo 10

2

Bravo !

→ Poursuis ta lecture au chapitre 4.

3

Voici le texte corrigé :

Alors que John Rackham **était** avec ses amis Mary Read et Adam Bonny, des hommes **sont venus** l'arrêter. On **surnommait** John Rackham Calico Jack. Il **a** d'abord **occupé** le poste de quartier-maitre, puis il **s'est approprié** la place de son capitaine de l'époque, Charles Vane, qui ne **voulait** pas attaquer de bateau. Devenu corsaire pour la couronne d'Angleterre, Rackham **a voyagé** des Bahamas à New Providence avant de commander de nouveau un navire pour son compte. Le 16 novembre 1720, Rackham et son équipage sont pendus. Adam Bonny, de son côté, **a échappé** à la pendaison.

Si tu as correctement complété le texte, bravo ! Sinon consulte les mémos.

→ Maintenant lis la suite au n° 16.

4

Faux. Il est impossible d'utiliser le cône. Consulte le mémo.

→ Recommence l'exercice du n° 16.

5

Sami et Matthieu se regroupent autour de Lou.

– Cela se confirme pour ce Bonny… Il ne peut s'agir que de lui, mon ancêtre ! Tu as ses dates de piraterie ? s'écrit Matthieu. Je ne voudrais pas avoir de faux espoirs comme sur le pont-batterie.

– Non, désolé Matthieu, rien de plus. Peut-être trouverons-nous d'autres informations sur lui plus tard. Pour le moment, concentrons-nous sur les énigmes pour sortir d'ici. J'ai très peur de rester emprisonnée ici toute la nuit.

– Haut les cœurs, moussaillons. Nous y sommes presque, tente Matthieu pour réconforter ses amis.

– Très bien, capitaine Mat, alors je t'en prie, fais-nous la lecture pour une fois.

Lou lui cède sa place et se poste comme Sami, derrière son épaule.

– J'ai l'impression qu'il s'agit cette fois d'une nouvelle énigme mathématique, dit Matthieu. « Le premier chiffre à trouver correspond au nombre de lettres… » Ce qui doit faire…

– Attention, lis bien l'ensemble des questions et réfléchissons ensemble, le coupe Sami.

– Très bien ! Mais tel que c'est parti, vous allez trouver rapidement.

Comment ouvrir la trappe de cette soute ?

Résous cette charade numérique pour trouver le code du cadenas.

Le premier chiffre à trouver correspond au nombre de lettres qui composent le nom de cette pièce : ....

....

Le deuxième chiffre est celui qui est le plus présent dans le texte suivant : ....

La frégate comportait 24 canons et se déplaçait grâce à ses voiles et cordages fixés à ses 3 mats. Elle accueillait 212 hommes à son bord. On distinguait ce bateau de loin dans la nuit, quand il allumait son fanal (la grosse lampe à l'arrière). Il pouvait avancer silencieusement et même lorsqu'il n'y avait pas de vent, profiter de ses 2 rangées de 13 rames. En pleine journée, le pavillon noir représentant un squelette à trois bras était effrayant.

Le troisième chiffre est égal au nombre de mâts de cette frégate : ....

Enfin, le dernier chiffre correspond au quart du siècle précédant le XVIIe siècle : ....

Mon tout est le code qui permet d'ouvrir le cadenas :

....

Si tu as trouvé 5324 → Va au n° 14.
Si tu as trouvé 5234 → Va au n° 2.
Si tu as trouvé 3245 → Va au n° 8.

Maintenant, écris le nom de la pièce dans laquelle les enfants se trouvent.

C'est ton TROISIÈME INDICE.
N'oublie pas de le noter sur ta page-indices, page 93.

6

Tu t'es trompé(e). Consulte le mémo et refais ton calcul.

→ Recommence l'exercice du n° 16.

7

C'est la bonne réponse !

→ Continue ta lecture au n° 13.

8

Tu t'es trompé(e).

→ Retourne au n° 5 et cherche la solution de cette énigme.

9

Lou et Sami installent l'escalier de fortune. Matthieu monte dessus.

– Hé ! Ce n'est pas stable, crie ce dernier en atteignant la dernière « marche ».

Juste avant qu'il ne perde l'équilibre, ses deux amis se plaquent contre lui pour le maintenir.

– C'était moins une, souffle Sami.

– Ça a l'air de tenir, murmure Matthieu, pas totalement rassuré.

Il tend enfin les bras vers la trappe, mais celle-ci aussi est malheureusement bloquée. Lou maintient l'ensemble avec son dos et se retrouve face au texte affiché sur le mur.

– Évidemment, c'est fermé, rage Matthieu.

– Il n'y a donc plus aucun espoir, gémit Sami, qui n'en peut plus.

– Je crois que si, dit Lou. Sur l'affiche, il y a une nouvelle énigme à résoudre pour trouver le code d'un autre cadenas !

– Encore faudrait-il qu'il y ait un cadenas. Pour le moment, on est toujours prisonniers, se désespère Sami.

– Passe-moi cette barre en métal qui est au milieu des outils, dit Matthieu à son camarade. Je vais tenter de forcer l'accès.

Sami tend le bras et s'empare de l'objet pour le donner à Matthieu, toujours en équilibre sur les caisses.

Matthieu glisse l'outil sous la plaque en bois et parvient à la soulever.

– C'est verrouillé de l'extérieur ! Mais attendez une seconde, j'aperçois quelque chose.

Il glisse deux doigts dans le mince espace entre la trappe soulevée et le plancher et attrape un petit objet.

– Ça vous surprend si je vous dis que c'est encore un cadenas à chiffres ?

– Pfff, je crois que je vais rêver de cadenas pendant des semaines quand on sera sortis de là, soupire Sami.

– Ah, tu vois que tu crois encore pouvoir sortir ! se moque Lou. De mon côté, je pense que ce texte écrit sur cette affiche devrait nous aider à résoudre cette nouvelle énigme.

Matthieu descend de son perchoir. Sami esquisse un sourire pour faire comprendre à Lou qu'il a bien repris espoir tandis qu'elle leur lit à voix haute la suite du texte.

Que contient ce mystérieux texte ?

Lis le texte et souligne les fautes d'orthographe qui s'y sont glissées. Puis indique la bonne orthographe de chacun des mots : é(e) ou er.

« Le cambusier est l'homme de la situation.
C'est la personne charger de l'organisation des stocks
à bord du navire. Comme sur le bateau de Rackham

et Bonny, dont nous avons pu trouvé la liste des denrées, nous pourrions ici noté tout ce dont on a besoin à bord comme la viande séchée ou la nourriture fraiche, mais il y a un élément vital sur lequel se focalisé, c'est l'eau potable. Sans cela, aucun pirate ne prend la mer. Et le cambusier devait veillé à ce qu'il y en ait suffisamment pour chaque voyage… »

Réécris ici les mots correctement orthographiés :

....

....

Puis rends-toi au n° 15 pour vérifier tes réponses.

mémo 2 mémo 3

10

Tu t'es trompé(e). Tu as sans doute fait une erreur de calcul. Consulte les mémos.

→ Retourne à l'exercice du n° 1.

11

Bonne réponse.

→ Lis la suite au n° 9.

12

Tu t'es trompé(e). Consulte les mémos.

→ Recommence l'exercice du n° 1.

13

Lentement, dans la pénombre, les trois enfants avancent pas à pas. Seul le bruit de leurs chaussures sur le plancher résonne. À tâtons, ils atteignent l'interrupteur. Il se situe bien à 2,5 mètres du bas de l'échelle. Sami l'actionne : clic ! La pièce s'illumine et apparaissent des tonneaux, des futs et tout un matériel de bricolage.

– On dirait que c'est en travaux, ici, s'exclame Matthieu.

Après un rapide tour de la soute, ils découvrent une autre trappe au plafond et une affiche avec du texte.

Matthieu s'approche, les yeux pétillants de curiosité.

– Il est écrit que Bonny évite la pendaison en 1720… Ça pourrait être mon ancêtre, vu la ressemblance avec mon nom. Mais il y a de nombreux morceaux du texte qui sont illisibles.

– Tu nous as déjà fait le coup avec Stede Bonnet tout à l'heure ! rétorque Sami. Comme Bonny est encore vivant après 1718, tu te dis que c'est ton ancêtre, n'est-ce pas ?

– En tout cas il est indiqué que Bonny a été emprisonné avec John Rackham et Mary Read. Cela me donne presque des frissons !

– Oui, c'est un très bon début. Si tu ne découvres pas ici qui est ton ancêtre, tu pourras toujours te rendre à la bibliothèque pour faire des recherches complémentaires.

– Les garçons, les interrompt Lou, essayons de reconstituer ce texte pour en savoir plus sur ces pirates. Qu'on ne soit pas enfermés ici pour rien !

Que peut bien contenir ce texte en partie effacé ?

Aide les enfants à déchiffrer le texte en conjuguant les verbes au passé composé et à l'imparfait.

Alors que John Rackham (être) .... avec ses amis Mary Read et Adam Bonny, des hommes (venir) .... l'arrêter. On (surnommer) .... John Rackham Calico Jack. Il (occuper) .... d'abord .... le poste de quartier-maitre, puis il (s'approprier) .... la place de son capitaine de l'époque, Charles Vane, qui ne (vouloir) .... pas attaquer de bateau. Devenu corsaire pour la couronne d'Angleterre, Rackham (voyager) .... des Bahamas à New Providence avant de commander de nouveau un navire pour son compte. Le 16 novembre 1720, Rackham et son équipage sont pendus. Adam Bonny, de son côté, (échapper) .... à la pendaison.

Rends-toi au n° 3 pour vérifier tes réponses.

mémo 1 mémo 5 mémo 6

14

Ce n'est pas le bon code.

→ Cherche encore le résultat de l'énigme du n° 5.

15

Si tu as écrit : *chargée, trouver, noter, focaliser, veiller*, ce sont les bonnes réponses. Sinon consulte les mémos et retourne au n° 9 pour relire et corriger le texte.

→ Maintenant, lis la suite au n° 5.

16

– Quelle fin tragique pour ces pirates ! s'exclame Lou.

– C'est vrai… Mais maintenant je me dis que ma famille vient peut-être de cet Adam Bonny puisqu'il a évité la pendaison. Bon, essayons de sortir par cette trappe, répond Matthieu.

– C'est haut, trop haut, commence Lou. Il nous faudrait une échelle.

– Et il n'y en a pas ici… Celle par laquelle nous sommes descendus est scellée au mur, il est donc impossible de la déplacer. On n'atteindra jamais cette trappe, se lamente Sami.

– On peut se faire la courte échelle, propose Matthieu.

– Faisons d'abord fonctionner nos cerveaux, rétorque Lou. Les mathématiques peuvent surement nous sauver.

– Encore ? Ça devient une obsession ! Les maths, c'est sans moi, répond Matthieu.

– Si, justement c'est avec toi : tu es le plus grand de nous tous. Lève les bras, s'il te plait, pour voir quelle hauteur ça fait, propose Lou.

Matthieu s'exécute, intrigué par ce que prépare la mathématicienne en herbe.

– C'est bien ce que je pensais, ajoute Lou. Je dirais que tu atteins environ 1,90 mètre les bras levés. Le plafond doit être à 2,50 mètres mais comptons 10 centimètres de plus pour manipuler la trappe. Il nous faut donc de quoi faire la différence entre 1,90 mètre et 2,60 mètres.

– Ouah, tu es un génie du calcul mental, toi ! s'exclame Sami.

– Oui, peut-être. Cependant, on aura également besoin de tes muscles pour installer et maintenir les caisses ou les tonneaux. Il faut construire un escalier.

– En fait, pourquoi on se creuse les méninges ? Je veux dire, il suffit simplement de faire une pile de caisses ou de tonneaux et hop, on atteint la trappe.

– Mais non, dit Lou. Si la pile est trop petite, tu n'atteins pas la trappe et si elle est trop haute, tu vas te retrouver à te tordre le dos, totalement compressé entre le plafond et les tonneaux ou les caisses. Il faut juste la bonne hauteur. Allez les gars, on y va !

Les trois amis fouillent la soute de fond en comble et parviennent à rassembler des tonneaux et des caisses de différentes hauteurs et même un gros entonnoir plein de poussière. Ils trient les différents volumes en montant dessus afin de vérifier leur solidité. En définitive, il ne leur en reste pas beaucoup pour les aider dans leur ascension.

– Nous y voilà, reprend Lou. Faisons notre choix.

– Cette caisse en forme de cube conviendra pour la première marche, précise Matthieu, ça m'évitera de faire un pas de géant pour commencer à grimper, mais ensuite…

– Commençons d'abord par les aligner, intervient Sami.

Comment atteindre la trappe ?

Pour y parvenir, Lou souhaite empiler des caisses et des tonneaux de tailles et de formes différentes. Quels solides doit-elle choisir, en complément de la hauteur de la taille de Matthieu qui mesure 1,90 m, pour atteindre les 2,60 mètres voulus ?

a. un cylindre
de hauteur 0,20 m

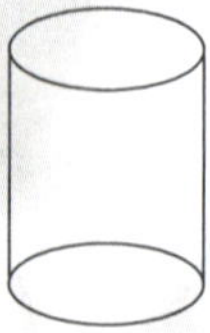

b. un pavé droit
de hauteur 0,30 m

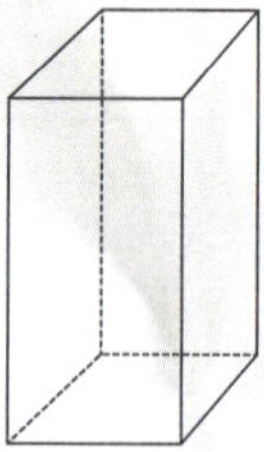

c. un cube
de hauteur 0,40 m

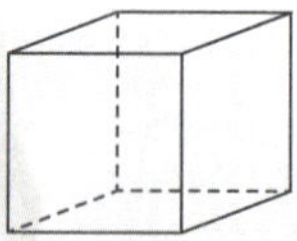

d. un cône
de hauteur 0,30 m

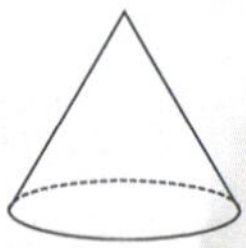

Si tu as choisi a. et c. → Va au n° 6.
Si tu as choisi b. et c. → Va au n° 11.
Si tu as choisi c. et d. → Va au n° 4.

mémo 11

Enfin libres !

1 

Les chiffres 5, 2, 3 et 4 s'enclenchent dans le cadenas et un clic final sonne la libération des trois enfants. Ils gravissent l'escalier de fortune pensant se retrouver directement sur le pont de la frégate mais arrivent dans une petite pièce pleine d'objets et d'étagères, avec au centre une table fixée au plancher. Louches, casseroles et autres ustensiles brillent sous la lumière d'une grosse ampoule.

– Je crois qu'on s'est trompés sur le chemin à prendre, s'exclame Matthieu. Je pensais qu'on serait à l'extérieur mais on est plutôt dans…

– Une cuisine ! coupe Lou en faisant un pas devant Matthieu.

– Il y a une porte sur le mur du fond, dit Sami en s'y rendant dans un même mouvement.

Sami s'acharne sur la poignée, mais c'est fermé.

– Attends, j'ai vu dans un film qu'on pouvait crocheter une serrure à l'aide d'un fil de fer, dit Matthieu en le rejoignant.

Pendant que les garçons partent en quête d'une clé improvisée, Lou fait le tour de la pièce.

– Je ne suis pas certaine que vous ayez trouvé la bonne issue, précise la jeune fille à ses amis.

Ces derniers ont déniché une tige métallique et s'apprêtent à tenter leur chance.

– Tu ne diras pas ça quand on aura ouvert cette porte, clame Matthieu.

– Comme vous voudrez, rétorque-t-elle.

Et Sami se lance dans son rôle de jeune cambrioleur. Il enfonce et tord son outil dans tous les sens, mais cinq minutes plus tard, rien ne s'est passé. Son camarade tente alors sa chance mais sans plus de succès.

Pendant ce temps-là, Lou déplace un tabouret et grimpe dessus. Elle découvre, cachée derrière des tresses d'ail et de feuilles aromatiques séchées, une trappe verrouillée par un cadenas à six chiffres. L'étiquette accrochée au cadenas précise seulement : « La liberté se trouve dans les recettes pour le plus gradé. »

Songeuse, Lou redescend et retourne auprès de l'étagère où elle a vu des livres de recettes qui portent les titres suivants : *Recettes pour le capitaine, Recettes pour le lieutenant, Recettes pour le maitre-canonnier.*

Qu'espère trouver Lou dans les livres de recettes ?

Tu le sauras bientôt ! Mais avant, réponds à cette question.
Parmi ces trois possibilités, quel est le plus gradé sur le navire ?

le lieutenant
le capitaine
le maitre-canonnier

Recopie ta réponse dans l'encadré.

C'est ton QUATRIÈME INDICE.
N'oublie pas de le noter sur ta page-indices, page 93.
Maintenant → Rends-toi au n° 7 pour lire la suite.

2

Bonne réponse !
→ Poursuis ta lecture au n° 15.

3

Si tu as trouvé le prénom Anne, bravo ! Il fallait en effet classer dans l'ordre les verbes *aimer*, *nourrir* et *encourir*.

→ Rends-toi au n° 10 pour lire la suite et en apprendre plus sur l'ancêtre de Matthieu.

4

1 et 1 sont en effet les deux chiffres suivants du cadenas.

Alors que la pluie se met à tomber de plus en plus fort, Sami s'empare du livre de cuisine pour lire la dernière énigme qui s'avère être un puzzle. Il est précisé qu'il faut une bonne concentration. Mais Matthieu, trop impatient, le coupe.

– L'heure tourne, les amis, dit-il. Et si on déclenchait plutôt une alarme pour attirer l'attention ?

– Une alarme, il faut déjà la trouver, et ensuite cela risquerait de nous créer des ennuis, si on expliquait que notre seule urgence était de ne pas manquer notre car, répond Lou.

– Notre situation ne te semble pas urgente ? se lamente Matthieu.

– Bon, d'accord. Gardons ta solution en ultime recours, renchérit la jeune fille.

– Et repérer les intrus dans ce puzzle ne doit pas être si difficile : on devrait rapidement trouver la réponse, ajoute Sami.

Quels sont les derniers chiffres du cadenas ?

Pour le savoir, observe attentivement chaque pièce de ce puzzle. Note ensuite les numéros de celles qui n'appartiennent pas au puzzle pour obtenir les trois derniers chiffres du cadenas.

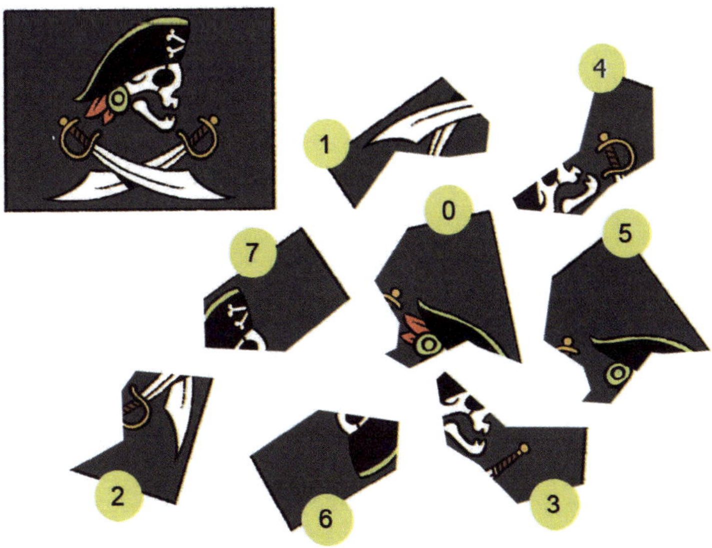

Si tu as trouvé les pièces numérotées 0, 1 et 5
→ Va au n° 8.
Si tu as trouvé les pièces numérotées 3, 5 et 6
→ Va au n° 2.
Si tu as trouvé les pièces numérotées 3, 4 et 5
→ Va au n° 12.

5

C'est faux. Imagine chaque mot souligné, cela t'aidera à savoir si c'est un état liquide, solide ou gazeux.

→ Retourne à l'exercice du n° 7.

6

C'est faux. Consulte le mémo puis effectue la division.

→ Recommence l'exercice du n° 10.

7

Lou tourne rapidement les pages du livre de recettes pour le capitaine et découvre en effet une série d'énigmes pour ouvrir le cadenas à six chiffres. Avec un peu de chance, ce sera la dernière série de chiffres pour quitter la frégate.

– Pfff, j'abandonne, impossible de crocheter cette serrure, dit Sami en revenant vers Lou.

– D'accord, tout compte fait, tu avais peut-être raison, continue Matthieu en s'adressant à son amie. Qu'est-ce que tu as découvert de ton côté ?

– Là-haut, il y a une trappe… Non, pas la peine de vous jeter dessus, il y a encore des chiffres à trouver. La seule information dont on dispose pour découvrir le bon code est dans ces pages.

– D'accord, alors finissons-en, je n'en peux plus d'être enfermé dans ce bateau ! soupire Sami.

Sami se place à côté de Lou et lit l'énigme à voix haute. Les enfants se regardent, perplexes.

Que contient cette nouvelle énigme ?

Dans le texte suivant, combien y a-t-il de termes désignant l'eau à l'état liquide ?
Pour le savoir, classe les différents mots soulignés dans le tableau selon leur état. Le nombre de mots dans la colonne « liquide » te donnera le premier chiffre du cadenas.

« Le navire avait quitté la voie maritime polaire bordée de glace depuis longtemps, et voguait sur un paisible océan. Il faisait chaud et en se rapprochant de l'ile où il devait accoster, une forte pluie commençait à tomber. Dans quelques heures, les pirates pourraient remplir les tonneaux d'une eau potable puisée dans le lagon. Tout le monde s'activait sur le pont principal, pendant que le cuisinier s'agitait au milieu de la vapeur de ses casseroles afin de préparer le repas du soir. ».

Solide	Liquide	Gazeux

Si tu as trouvé 1 → Va au n° 11.
Si tu as trouvé 2 → Va au n° 5.
Si tu as trouvé 3 → Va au n° 9.

mémo 13

8

Tu t'es trompé(e). Sois bien attentif(ve) aux détails.

→ Recommence l'exercice du n° 4.

9

3 est le bon résultat, félicitations ! Il fallait en effet classer *océan*, *pluie* et *eau potable* dans l'état liquide, tandis que *vapeur* était dans la colonne gazeux et *glace*, dans celle des solides.

→ Rends-toi au n° 13 pour lire la suite et aider les trois amis à quitter la frégate.

10

Après la révélation du nom complet de son aïeule, Matthieu est à la fois ému et pensif.

– J'ai enfin trouvé le nom de mon ancêtre : Anne Bonny. Je ne m'attendais pas du tout à ce que ce soit une femme.

Lou et Sami se tournent vers lui, intrigués.

– Moi, je trouve ça extra ! répond Lou.

– C'est vrai ! ajoute le garçon, d'autant que les femmes pirates étaient rares.

– Je me souviens d'elle maintenant, dit Lou en se tapotant le crâne du bout de l'index.

Matthieu agite sa main pour l'inciter à continuer.

– Dans le livre sur les pirates qu'il y avait dans la cabine du capitaine, son nom était mentionné. Elle était la fille illégitime d'un magistrat irlandais, William

Cormac, et de sa servante, Mary. Sa famille a fui le scandale et quelques années plus tard, Anne s'est mariée avec le pirate James Bonny, avant de tomber amoureuse de Rackham. Elle a changé d'identité et s'est fait appeler Adam Bonny.

– Je comprends que tu veuilles en savoir plus sur Anne Bonny, mais je te rappelle qu'on a un car à prendre, répond Sami.

Une première goutte de pluie tombe sur le pont de la frégate juste au-dessus d'eux. Lou se place devant les garçons.

– Reprenons le livre de recettes. Laissez-moi lire la nouvelle énigme : « Un très ancien pirate romain sillonnait la mer Méditerranée. La légende dit qu'il transportait CLIV kg de fruits avant d'aller se ravitailler au port. Son bateau avait un équipage de XIV marins et si tu sais combien ils mangent de kilogrammes de fruits par personne avant de faire une escale, tu connais les deux chiffres suivants du code. »

Les trois amis vont-ils réussir à lire les chiffres romains pour obtenir les deux prochains chiffres du code ?

Pour les aider, réécris les chiffres romains CLIV et XIV en chiffres arabes.
Calcule ensuite le nombre de kilogrammes de fruits mangés par marin, en relisant le texte en bleu.

Si tu as trouvé 11 → Va au n° 14.
Si tu as trouvé 9 → Va au n° 6.

mémo 8

11

C'est faux. Imagine chaque mot souligné, cela t'aidera à savoir si c'est un état liquide, solide ou gazeux.

→ Retourne à l'exercice du n° 7.

12

Tu t'es trompé(e). Pense à observer le bout des épées.

→ Recommence l'exercice du n° 4.

13

3 est le bon résultat, et c'est le premier chiffre du cadenas. Pourtant, Matthieu n'a pas vraiment aidé ses amis pour cette énigme car à peine Lou et Sami ont-ils commencé à réfléchir qu'il a été attiré par un panneau accroché sur la porte d'un placard. Il y est écrit que lors d'une fouille de navire, le pirate Bonny s'était caché dans ce genre d'endroit pour éviter d'être pris. Mais surtout, il y a un petit jeu pour découvrir le prénom de ce pirate.

Quel était le prénom de l'ancêtre de Matthieu ?

Pour le savoir, classe les trois verbes soulignés dans le tableau selon le groupe auquel ils appartiennent. La première lettre de chaque verbe correspondra à l'une des lettres du prénom de l'ancêtre de Matthieu. L'une des lettres est à utiliser deux fois.

« Si Rackham est réputé, c'est surtout parce qu'il aimait Bonny et parce qu'il avait deux femmes à son bord. Il a cessé sa vie de pirate de peur d'encourir la peine de mort, mais a toujours nourri son besoin d'aventures en devenant corsaire pour la couronne d'Angleterre avant de retomber dans l'illégalité et d'en mourir. »

1er groupe	2e groupe	3e groupe

Note le prénom que tu as trouvé :

Rends-toi au n° 3 pour vérifier ta réponse.

mémo 4

14

Bonne réponse ! Il fallait diviser 154 par 14.

→ Poursuis ta lecture au n° 4.

15

C'est bien la série de 3, 5 et 6 qui vient compléter les trois premiers chiffres. Pendant que Lou et Sami tiennent le tabouret, Matthieu insère le code dans le cadenas de la trappe.

Soudain les trois amis entendent, au loin, le bruit d'un moteur.

– Oh non ! dit Lou, le conducteur fait chauffer le moteur du car. Cette fois, on va finir par être vraiment abandonnés.

– Tous à la passerelle ! lance Matthieu en ouvrant la trappe d'un seul coup.

Les trois amis s'extraient de la cuisine par la trappe et arrivent enfin sur le pont principal. Ils partent à toute vitesse et arrivent à la grille qui bloque la passerelle. Fermée !

– On pourrait l'escalader, propose Sami en arrivant le dernier.

La seconde suivante, ils aperçoivent l'animateur de l'autre côté de la grille.

– Enfin vous voilà, lance-t-il. On vous a cherchés partout et je venais fouiller le bateau. Mais il a fallu du temps pour qu'on récupère les clés. Que s'est-il passé ?

Sami s'apprête à dénoncer Enzo, mais Lou le coupe.

– On était en train de lire des panneaux explicatifs dans la cabine du capitaine et on n'a pas fait attention. Puis, il y a eu ce courant d'air qui a claqué la porte et on a été obligés de trouver un autre moyen de sortir.

– Bon, d'accord, suivez-moi, le moteur du car tourne et on va être en retard. Vous me raconterez votre aventure au cours du diner.

L'animateur passe devant le trio et Sami questionne son amie du regard.

– Ça n'aurait servi à rien de dénoncer Enzo, chuchote-t-elle. En plus, il aurait été trop content de lui, il aurait été au centre de l'attention. Si on fait comme si de rien n'était, il y a plus de chance qu'il arrête ses bêtises.

– Bon d'accord, répondent les deux garçons un peu trop fort.

– Pardon ? questionne l'animateur en les laissant passer pour monter dans le car.

– Non, rien ! rétorquent cette fois les trois amis d'une même voix.

Soulagés, Sami, Lou et Matthieu s'installent ensemble au sec, loin d'Enzo et de ses mauvais tours. Ils attachent leur ceinture et clament une nouvelle fois en même temps : « On peut y aller ! »

C'est ainsi que le trio rentre à la colonie après une palpitante aventure avec des pirates !

FIN

Bravo ! Puisque tu es allé(e) jusqu'au bout de cette aventure et de ses exercices, nous te proposons de nous envoyer, sur le site www.lenigme.com, la liste des indices que tu as reportés page 93 et tu pourras télécharger des surprises. À bientôt pour une nouvelle aventure !

Mémo

Pour t'aider à faire tes exercices

Français

Maths

Sciences

Orthographe

1 L'accord du participe passé

- Employé avec le verbe ***être***, le participe passé s'accorde en genre et en nombre avec le sujet.
  Les trois enfants sont partis vers le pont-batterie.
- Employé avec le verbe ***avoir***, le participe passé ne s'accorde pas avec le sujet.
  Elle a posé ses mains sur le classeur.

2 Le participe passé ou l'infinitif

- **Le verbe s'écrit toujours au participe passé** après les verbes *être* ou *avoir* conjugués. Il s'agit d'une forme verbale.
  Lou est entrée dans la cabine. Matthieu a trouvé la solution.
- **Le verbe s'écrit toujours à l'infinitif** après les prépositions *à*, *de*, *pour*.
  Lou est pressée de sortir de cette pièce. Elle a apporté son aide pour trouver la solution.
- **Lorsque deux verbes se suivent**, le second est toujours à l'infinitif.
  Ils espèrent trouver la solution. Les enfants ont vu passer le bus.

Grammaire

3 Les adjectifs

Un adjectif a deux fonctions :

- **Compléter un nom**

Lorsqu'il fait partie du **groupe nominal** (GN), il s'accorde en genre et en nombre avec le nom.
  Une recette appétissante.

- **Attribut du sujet**

Il est placé après un verbe d'état (*être, sembler, devenir, rester...*) et s'accorde en genre et en nombre avec le sujet qu'il qualifie.
  Les enfants sont déçus de ne pas avoir d'aide.

Conjugaison

4 Les groupes de verbes

Les verbes sont classés en 3 groupes :

INFINITIF EN :	GROUPE DE VERBE
-**er** comme *chanter*	Verbes du **1er groupe** sauf *aller*
-**ir** comme *finir*	Verbes du **2e groupe**
-**oir**, -**ire**, -**dre**, etc.	Verbes du **3e groupe**

5 Le passé composé

- Le passé composé s'emploie pour décrire une action qui a eu lieu dans le passé.
- Il est formé du verbe *être* ou *avoir*, conjugué au présent de l'indicatif, et du participe passé du verbe.

  Elle a commencé sa recherche en même temps que les garçons.

6 L'imparfait

L'imparfait de l'indicatif est un temps simple du passé.

- Il est souvent employé pour décrire des évènements du passé qui ont duré ou qui sont habituels.

  *Elle racont**ait** une histoire sur l'ile de la Tortue.*
- C'est le temps de la **description**. On le trouve souvent dans les récits.

  *Quand les pirates navigu**aient**, que les bateaux parcour**aient** les mers et que les mouettes chant**aient**, il **fallait** être vigilant.*
- Les terminaisons de l'imparfait de l'indicatif sont : *-ais*, *-ais*, *-ait*, *-ions*, *-iez*, *-aient*.

Les terminaisons sont identiques pour tous les groupes.

Nombres et calculs

7 Poser et effectuer une division décimale

1. Commence comme pour la division euclidienne.

2. Le reste étant différent de 0 (il vaut 4), tu peux continuer la division en plaçant une virgule au dividende et au quotient puis en écrivant :
2 302 = 2 302,00 (rajoute autant de zéros que nécessaire).

3. Continue la division en abaissant un ou plusieurs 0.

4. Cette division semble ne jamais s'arrêter, puisqu'on trouve toujours les mêmes restes.
On écrit 2 302 : 6 ≈ 383,66.
383,66 est une valeur approchée du quotient de 2 302 par 6.

```
2302,00 | 6
-18     |------
  50    | 383,66
 -48
   22
  -18
    40
   -36
     40
    -36
      4
```

8 Les chiffres romains

I	V	X	L	C	D	M
un	cinq	dix	cinquante	cent	cinq-cents	mille

- On ne peut pas écrire plus de trois signes identiques à la suite.
- Si, à la droite d'un signe, on trouve un signe à la valeur inférieure ou égale à celui-ci, les signes s'ajoutent.
- En revanche, si, à la gauche d'un signe, on trouve un signe à la valeur inférieure à celui-ci, on le soustrait à ce signe. *1988 s'écrit MCMLXXXVIII.*

Grandeurs et mesures

9 Longueurs et masses

- L'unité de mesure de longueur principale est le mètre (m).

Pour comparer des longueurs, on utilise un tableau de conversion :

km kilomètre	hm hectomètre	dam décamètre	m mètre	dm décimètre	cm centimètre	mm millimètre
1	5	0	0			

1,5 km = 1 500 m

• L'unité usuelle de mesure d'une masse est le kilogramme (kg).
Pour les grandes masses, il existe d'autres unités, comme **la tonne**, notée **t** (1 t = 1 000 kg), et **le quintal**, noté **q** (1 q = 100 kg).

kilo-gramme	hecto-gramme	déca-gramme	gramme	déci-gramme	centi-gramme	milli-gramme
kg	hg	dag	g	dg	cg	mg
1 kg = 1000 g	1 hg = 100 g	1 dag = 10 g	1 g = 1 g	1 dg = 0,1 g	1 cg = 0,01 g	1 mg = 0,001 g

10 Proportionnalité et échelles

• Augmenter ou diminuer des proportions de manière exacte nécessite d'utiliser un **tableau de proportionnalité**.
On passe d'un ensemble de nombres à un autre ensemble en multipliant ou en divisant par un même nombre qu'on appelle le **coefficient de proportionnalité**.

× 2,2

pouces	1	2,2
cm	2,54	?

: 2,54 × 2,54

• **L'échelle** est le rapport entre la réduction d'une image (plan ou carte) ou d'un objet (maquette) et sa taille réelle. Les longueurs sur un plan sont proportionnelles aux longueurs réelles. L'échelle est exprimée sous la forme d'une fraction.

Exemple : un plan de ville à l'échelle $\frac{1}{1\ 000}$ signifie que 1 cm sur le plan correspond à 1 000 cm en grandeur réelle.

Géométrie

11 Les solides

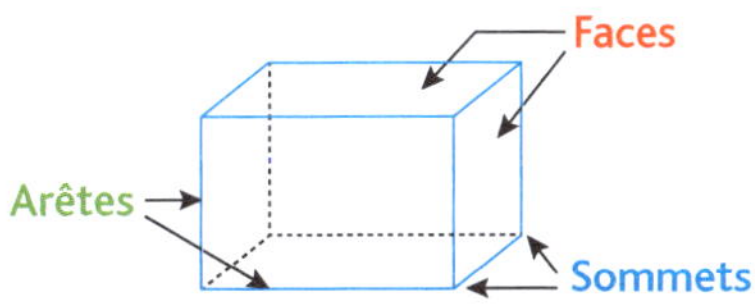

• Un **pavé droit** (appelé aussi **parallélépipède**) est un solide dont les six faces sont rectangulaires.

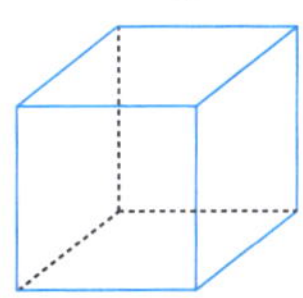

• Un **cube** est un parallélépipède particulier : toutes **ses arêtes ont la même longueur**.

- Un **prisme droit** est un solide ayant :
– deux bases polygonales superposables et parallèles,
– des faces latérales qui sont des rectangles.

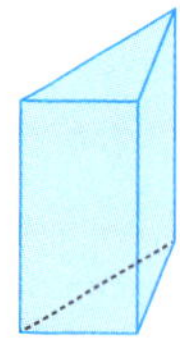

- Une **pyramide** est un solide ayant :
– une base polygonale,
– des faces latérales qui sont des triangles.

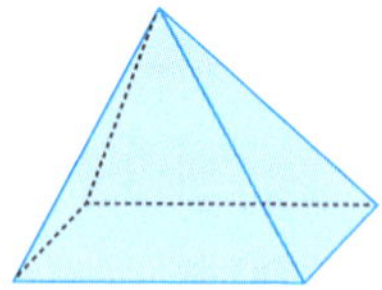

- **Cylindre**

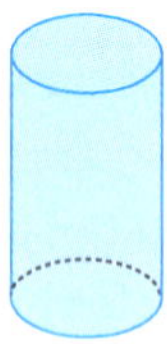

- **Cône**

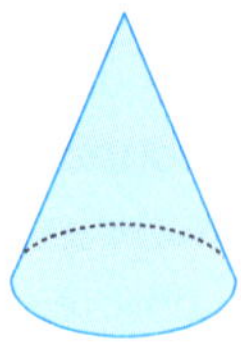

- **Boule**

12 Se repérer dans l'espace

Un plan ou une carte sont des représentations planes dans lesquelles les proportions sont respectées.

Se repérer sur un plan ou une carte :

- À l'aide d'un quadrillage :

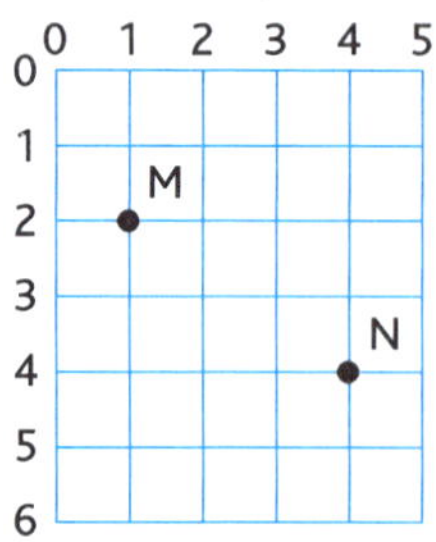

M est le point de coordonnées (1,2)
N est le point de coordonnées (4,4)

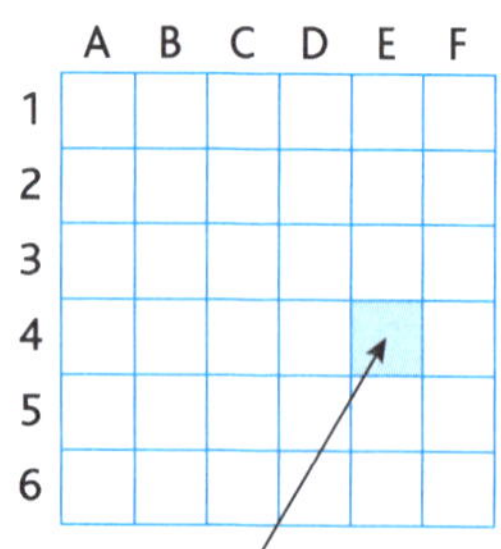

case de coordonnées (E,4)

- À l'aide de la rose des vents :

13 Les états de l'eau

L'eau peut se présenter sous forme liquide, solide ou gazeuse.

- **La solidification** : l'eau se transforme en glace lorsque la température est au-dessous de 0 °C. L'eau passe alors à l'**état solide**.
- **La fusion** : c'est la transformation de la glace en eau. Cette transformation a lieu au-dessus de 0 °C : l'eau est à l'**état liquide**.
- **L'évaporation** : l'eau liquide se transforme en vapeur d'eau quand la température est élevée : elle est à l'**état gazeux**.
- **La condensation** : lorsque l'eau est à l'état gazeux et que la température refroidit, elle se condense et redevient liquide ou solide.

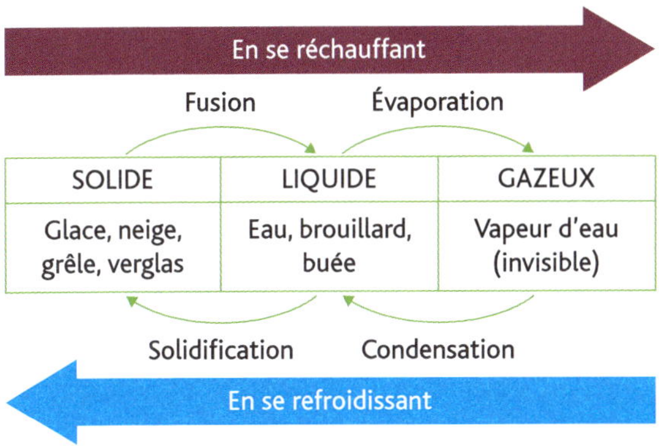

Page-indices

À bord du bateau pirate

du CM2 à la 6^e

Note ci-dessous les indices que tu as trouvés
au cours de ta lecture.

Va vite te connecter sur le site
www.lenigme.com
pour nous envoyer tes indices,
et tu pourras télécharger plein de cadeaux !

INDICE 1 ....

INDICE 2 ....

INDICE 3 ....

INDICE 4 ....

Bravo ! Tu as trouvé tous les indices !

Table des matières

Chapitre 4 Enfin libres !

Crédits photographiques : p. 1 : © Shutterstock / Oliver Denker ; p. 3 ht : drapeau © promesaartstudio / Adobe Stock, p. 3 m bateau © Julymari / Adobe Stock, p. 3 bas portrait Jean Bart © BIS / Ph. Coll. Archives Larbor.

N° d'éditeur 10257868 – mars 2020
Imprimé en Italie par Bona

L'ÉNIGME DES VACANCES

Choisis ton univers !

Historique · FANTASTIQUE · Policier · Aventure · FRISSON · Princesse

du CP au CE1

- Le voleur invisible
- Sophia, princesse de la mer 🎧
- Le mystère de la source 🎧
- Disparition au pays des poneys 🎧
- Panique chez les pandas

du CE1 au CE2

- La peur au bout de la laisse
- Mystère au cirque Alzared
- Attention ! Dauphins en danger
- Pas si désert que ça !
- Menace sur Madagascar
- Pirates en péril ! 🎧

du CE2 au CM1

- Le labyrinthe des dragons
- Les fantômes de Glamorgan
- La plage du Prince Blanc
- Le phare de la peur
- Montagne explosive !
- Menaces sur la finale de foot
- Planète dinosaures

du CM1 au CM2

- Le voleur de papyrus
- Le secret de la jungle
- Le sortilège des loups-garous
- Parfum de vacances
- La carrière interdite
- Mystère dans le bush australien
- Drôles d'époques ! 7 HISTOIRES

du CM2 à la 6e

- Le trésor des Templiers
- Panique à la Pop Academy
- La forêt de l'épouvante
- À la recherche de la cité perdue
- Eaux troubles à Venise
- Drôles de familles ! 7 HISTOIRES
- À bord du bateau pirate ESCAPE GAME

de la 6e à la 5e

- Le secret du Titanic
- Drôle de trafic
- Complot chez les cordons-bleus
- The Refuge in Danger (en anglais) 🎧
- Au sommet de la tour Eiffel ESCAPE GAME

de la 5e à la 4e

- Operation Blue Lagoon (en anglais) 🎧
- Chute mortelle au Mont-Saint-Michel
- The Captain is Missing! (en anglais) 🎧
- Le souffle de l'ange
- Dans le château de Krennamzer ESCAPE GAME

de la 4e à la 3e

- Murder in West Park (en anglais) 🎧
- The Mark of the Vampire (en anglais) 🎧
- The Wizards' Night (en anglais) 🎧

🎧 Histoire à podcaster sur le site www.lenigme.com

Retrouve-nous sur le site : www.lenigme.com